इरशाद

इशांत गाबा

क्रम-सूची

समर्पण

पावती (स्वीकृति)

बहुत बहुत धन्यवाद मेरे परिवार, रिश्तेदार, सभी मित्र और उन सभी लोगों का जिनको मैं जानता हूँ और उन सबका जिनकी वजह से इरशाद अंजाम तक पहुँच पाई। एक धन्यवाद उनका जो मेरी लिखने की एक प्रेरणा बने। सबके साथ के साथ ही ये कोशिश की है जिस को सफल बनाना है आप सबने।

बहुत बहुत धन्यवाद @_lifeonacanvas_ का जिन्होंने इरशाद के कवर को डिज़ाइन किया और इस किताब को चार चाँद लगा दिए।

लेखक से...

"बीच रस्ते अगर गिर जाए कहीं,
तो याद रखना,
उठ के दिखा दे सबको कि तू कमज़ोर नहीं,
और बस चलते जा तू रुक नहीं..."

बहुत बार ऐसा होता है कि मन एक जगह पे रुक जाने का करता है और

फिर दुनिया से मुँह मोड़ लेने का करता है पर वही पल होता है जब थोड़ा समय ठहर कर दोबारा चल के दिखाना होता है की कुछ भी कर दिखाने की एक बार ठान ली जाए तो नामुमकिन कुछ नहीं होता।

और अगर एक भी इंसान की ज़िंदगी में इरशाद कुछ अच्छा बदलाव ला सके तो मेरी सारी मेहनत सफल रहेगी।

अध्याय1

जो दुनिया क़दमों में बिछादे,
वो लफ्ज़...
जो आँखों के नीचे से पूरी दुनिया चुरा ले,
वो लफ्ज़...
ये लफ़्ज़ सिर्फ़ लफ्ज़ नहीं, अस्त्रों के समान है,
राजा कौन और प्रजा कौन, अंतर सिर्फ़ शब्दों का ज्ञान है।

2. मन से...

बोलना चाहूँ तो कई बार दिल के लफ़्ज़ जुबां तक नहीं आते,
ढूंढता हूँ कोई मिल जाए पूछने वाला कहीं,
मैं अगर मना कर भी दूँ तो तुम एक बार और मेरा हाल ज़रूर
पूछना,
क्योंकि थामे सिर्फ़ लफ़्ज़ जाते हैं, अश्कों का रुकना उनकी फ़ितरत
में नहीं...

जो सोचा उससे कम मिला?
तो परेशान क्यों है...
तेरी मंज़िल अभी बहुत दूर है और उसको पार करने का रास्ता
सिर्फ़ तू है,
ये मत सोच जो छूट गया उसपे हक़ तेरा था,
जो तेरा है तेरे पास आने में बहुत बेताब है,
पहला पन्ना पढ़ के मत रो,
अभी आगे खुली पूरी ज़िंदगी की किताब है।

मौक़ा मिले ना मिले सुना दिया करो,
अगर कुछ कहना हो तो कह दिया करो,
क्या पता कल रहें या न रहें,
बस एक ही गुज़ारिश करते हैं आपसे,
रोज़ एक दफ़ा हमें याद करके मुस्कुरा दिया करो।

आज भी मौजूद है,
दिल में तुम्हारी याद,
तुम्हारी याद से आँखों में बारिशें,
उन बारिशों में हुई हसीन मुलाक़ातें,
और इन सब यादों में मेरा दिल,
आज भी मौजूद है...
ग़ायब है कुछ तो वो हो तुम,
उन हसीन लम्हों में मुस्कुराते हम,
और हमारे बीच की सारी खुशियां,
जो अब बनके रह गए हैं सिर्फ़ और सिर्फ़ ग़म।

ऐसा लगता है कि पीछे छूट गया,
वो पल, वो लोग, पूरा वक़्त ही जैसे रूठ गया,
टूट गया, बिखर गया, सब जैसे लगता है शेर जब हो जाता है
ज़ख़्मी,
अंदर से चाहे जितनी मर्ज़ी लगी हो,
बाहर से मुस्कुराना और न बता सकना हालत किसी को अपनी।

❧ ❧ ❧

बहुत समेट लिया ख़ुद को,
बहुत रख लिए पर्दे इस दुनिया से,
अब एक बार खुल के रोना है,
तेरी बाहों में एक बार फिर,
तुझे पा के ख़ुद को खोना है।

❧ ❧ ❧

बस बहुत हुआ,
बहुत हुआ इन्तज़ार किसी का,
नहीं बनना अब दिलदार किसी का,
अपने लिए जीना शुरू करते हैं,
मौसम के साथ ख़ुद की गुफ़्तगू करते हैं...
निकालो अब कुछ वक़्त ख़ुद को समझने के लिए,
जो खोए हैं पल किसी के इंतज़ार में उनको वापस लाने के लिए,
क्योंकि नहीं कोई और ज़रूरी ख़ुद की ख़ुशी के ऊपर,
बन जा मस्त मौला और कर कुछ ऐसा जिससे हो तुझे गर्व ख़ुद
पर,
क्योंकि अब बहुत हुआ इंतज़ार किसी का,
नहीं बनना अब दिलदार किसी का...

बेवफ़ा तो नहीं वो,
पर फिर क्यों मेरी आँखें नम हैं,
शायद वक़्त का ही कोई क़ुसूर है,
जो रातों की मेरी नींदें कम हैं...

आँखें चढ़ी है लेकिन नींद क्यों आती नहीं,
दिमाग़ में कुछ तो चलता है जो सोचने से रुकता नहीं,
अकेले क्यों पाता हूँ ख़ुद को मैं जब ज़रूरत हो किसी की,
लेकिन क्यों पहुँच जाता हूँ मैं हर जगह चाहे ज़रूरत किसी को
होती नहीं...
शायद अकेला होना क्या होता है उसका एहसास मुझे ले जाता है,
अब तो आदत है दूसरों को ख़ुश करने की चाहे ख़ुद को मन उसके
बाद उदास ही पाता है।

रुठ जाना तो एक बहाना है आप से,
असल में तो मक़सद यही है,
तुम्हारे बिना मैं कुछ नहीं,
ख़ुद को यह याद दिलाना है।

❧❧❧

अक्सर यह ख़याल लेके बैठ जाता हूँ,
अंधेरे में जब भी मैं खो जाता हूँ,
क्या सच में मुझे हैं उस मंज़िल को पाना,
या सफ़र से ही इतना लगाव कर बैठा हूँ...

❧❧❧

मुझे मोहब्बत के बदले मोहब्बत नहीं मिलती,
इसकी शिकायत क्यों करूँ मैं,
सौदा नहीं प्यार किया है,
तो प्यार के बदले प्यार का लालच कैसे करूँ मैं...

न जाने क्यों इतनी ख़ास लगती हो,
तो पूरा हो सके ऐसा ख़्वाब लगती हो,
ज़माना अब जो मर्ज़ी बोलता रहे,
तुम दूर हो के भी अब पास लगती हो।

हार जाएगा कोई बात नहीं,
कोशिश तो कर,
एक बार, दो बार, तीन बार,
जब तक तू मरता नहीं,
जीतेगा तू ज़रूर एक दिन,
वो ख़ुदा तुझसे इतना भी खफ़ा नहीं,
हिम्मत मत हार, विश्वास रख,
क़िस्मत तेरी भी बदलेगी यहीं।

ज़रूरी नहीं कि हर बार इंसान का ही दोष हो,
वक़्त को भी दोषी ठहराया जा सकता है,
अगर जुर्म में ही इतना बड़ा हो जाए,
तो काश मैं थम जाऊँ वक़्त भी सोचने लगता है...
लेकिन अब वक़्त भी कितना रुक जाए,
कितना थम जाए, कितना ही ठहर जाए,
आख़िर उसे भी तो चलना है,
क्योंकि अगर एक पत्ता गिर जाए पेड़ का,
तो भी पेड़ को और आगे तो बढ़ना है।

❧❧❧

नहीं हूँ मैं ग़लत, बस ये दौर कुछ ऐसा है,
हो सके तो थोड़ा इंतज़ार ज़रूर करना,
मेरी लाख कोशिशें चाहे नाकामयाब रहें,
लेकिन तुम मेरी एक और कोशिश करने की दुआ ज़रूर करना...
हम मिलेंगे ज़रूर और फिर कभी न होंगे हम जुदा,
लगन इतनी कि तारीफ़ करे खुद ये ख़ुदा,
ऐसी दुआ है कि मरने के बाद भी हमारा प्यार ज़िंदा रहे,
दिल की धड़कन चाहे रुक जाए पर उसमें से तुम्हारा नाम कभी न
हटे।

❦❦❦

न जाने क्यों हर मुलाक़ात पहली लगती है,
क्यों उनकी हर बात कुछ ख़ास सी लगती है,
कैसा यह जादू है या है कोई ये नशा,
न जाने क्यों अब उनकी हर चीज़ अपनी सी लगती है...
उधर का हाल क्या बताऊँ वो कुछ इस तरह है,
मोहब्बत तो नहीं है उन्हें लेकिन आदत तो उन्हें भी पड़ी है,
अगर मेरी आँखें न हो उनकी तरफ़,
तो उनको भी उसकी कमी महसूस ज़रूर होती है।

❦❦❦

आज कुछ और नहीं तो चलो यारों के बारे कुछ लिखा जाए,
उनकी तारीफ़ में लिख सकूँ ऐसे शब्द नहीं जो मिल पाए,
उनके साथ गुज़रे हर लम्हे को दोबारा जी लूँ ऐसा मेरा मन करे,
ये सारी ज़िंदगी उनपे वार दूँ, ऐसा कुछ कर जाऊँ ये मेरा मन कहे,
सामने आएँ तो जी भर के उनको गालियां दूँ
और अगर उन्हें कुछ हो जाए तो अपनी जान भी उनके लिए
कुरबान कर दूँ।

अब क्या तारीफ़ करूँ उसकी जिसके लिए लफ़्ज़ कम है,
जितना मर्ज़ी बोल लूँ मैं लेकिन उसकी तारीफ़ में सब कम है,
अगर कोई पूछे मुझसे है कि क्या लगता है ये तेरा,
अगर कोई पूछे मुझसे है कि क्या लगता है ये तेरा,
तो मैं हँस के बता दूँ
लगता तो कुछ नहीं लेकिन इसके बिना मैं भी कुछ नहीं।

हम बोलते बहुत हैं अपनी माँ को कि तुम्हें कुछ आता नहीं,
वो चुप हो जाती हैं सिर्फ़ हमें ख़ुश रखने के लिए,
इतना आसान नहीं मेरे दोस्त भूखे रह कर सुकून को पाना,
तभी तो कहते हैं बहुत मुश्किल है एक माँ कहलाना।

कहते हैं मुश्किल तो है ख़ुशी के पीछे आँसू को छिपाना,
लेकिन मैंने माँ से सीखा कैसे हैं इसमें सफलता को पाना,
जिसको देखा मैंने हर वक़्त ख़ुश और सबकी करते बस देखभाल,
दुआ करता हूँ न रोना पड़े किसी माँ को और खुशियों मिलती रहे
उसे हर नए साल,
हाँ सुनना पड़ता है उसको उसके ही बच्चों से गालियां,
लेकिन वो ही है जो खड़ी मिलेगी सबसे आगे बजाते हुए उसके
बच्चों की सफलता पे तालियां।

❧❧❧❧

वो कहते हैं कि क्या करेगा,
अरे यही है जो बाद में याद करेगा,
मत सुन तू इनकी बस अपना काम करते जा,
देखने लायक होगा वो मंज़र जब तू कामयाबी को अपने क़दमों में
पा लेगा।

❧❧❧❧

दुनिया घूमने के लिए तो एक ही साथ काफ़ी है दोस्त,
अगर न भी हो तो अकेले भी घूम सकता हूँ मैं,

लेकिन अगर वो साथ हो तो बात है कुछ ऐसी,
दुनिया देखने के लिए बाहर घूमना...
फिर कोई ज़रूरत ही नहीं वैसी।

कुछ तो है बात इन रातों में,
हज़ार ख़यालात दिमाग़ में घूमते हैं जो आते नहीं बाहर कभी बातों
में...

कुछ तो है बात इन अंधेरों में,
जो सोचने पर मजबूर करती हैं,
हमारे होने पर हमें यक़ीन दिलाती है,
उजालों की असली क़ीमत बताती है।

Never wanted to end it,
But didn't want to continue it either,
Sometimes we end up in situations where we realise,
The real ones and the ones full of lies...

मत थाम तू बस चलता रह,
अपने मन की सुनके तू चढ़ता रहा,
दिख जाएगी तेरे अंदर की आग जब तेरी आँखों में,
तो ख़ुद कहेगा, मरता रह, डरता रह, पर बस,
करता रह।

भूलना चाहूँ भूला नहीं जाता,
भले ही लोग कहें बेवफ़ा हमें,
महफ़िल में बैठे तो हर किसी में तुम दिखो,
हर किसी को बताना फ़ितरत में नहीं, कि कितना प्यार हम करें
तुम्हें।

बोतल का नशा नहीं करते,
वो नशा ही क्या जो एक रात में उतर जाए,
नशा तो उनकी आँखों का है,
खुदा की क़सम जो सारी ज़िंदगी न उतर पाए।

मेरी लकीरों में नहीं वो, सब कहते हैं,
उसको पाने की मेरी कोशिश शायद इससे वो अभी अनजान रहते
हैं,
सारी दुनिया भी अगर हो जाए हमारे ख़िलाफ़, तो कोई डर नहीं,
वो है मेरे साथ तो कैसा डर, मेरी सारी दुनिया ही जब है वही।

क्यों मन आज कल कहीं लगता नहीं,

कुछ करने लगूं तो वो भी हो पाता नहीं,
क्यों ये दिल अब अपने बस में रहाँ नहीं,
या शायद ये दिल ही अब अपना रहा नहीं...

दिल खोया है पर ऐसे लगता है जैसे ख़ुद को पा लिया हो,
तेज़ धूप में जैसे किसी ने पेड़ की छांव में सुला दिया है।

❧❧❧

ये बात बात पे मुस्कुराने वाले लोग भी बहुत ख़तरनाक होते हैं
दोस्त, बच के रहना,
लाख दर्द छुपे होते हैं तो भी चेहरे पे मुस्कुराहट रहती है,
ये दुनिया समझ नहीं पाती मेरा दर्द,
न जाने क्यों हमेशा दूसरों को हंसाने के लिए ही कहती है।

❧❧❧

आज जब उठा तो लबों पर एक ख़ुशी सी है,
पर फिर मौसम देखा तो एहसास हुआ,

कि आज फिर सुकून की थोड़ी कमी सी है,
उनको गले लगाने की तलब थोड़ी लगी सी है।

❧❧❧

पहचान ख़ुद को और बस करता जा,
दिन रात एक करके तू लेगा सब कुछ पा,
मिलेगा मौक़ा और पड़ेगी तेरी भी एक दिन क़दर,
अगर अभी तूने कर लिया बस उस दिन का सबर।

❧❧❧

कर लिए बहुत गिले शिकवे,
न निकला कुछ ज़िंदगी में करके ये सब,
लगा लिए बहाने भी बहुत ज़िंदगी में,
देखी जाएगी करते करते कहीं न पहुँच पाए अभी तक हम...

नहीं कहना होता हर जगह देखी जाएगी,
यही वक़्त है तुझे देखना होगा,
नहीं कोई तेरे ऊपर तो भी तुझे अब करना होगा,

ज़रूरी नहीं कि ऊपर जाने की सीढ़ी हर किसी को मिले,
क्योंकि हर अर्जुन के पास कृष्ण नहीं होता...।।

❧❧❧

त्योहारों का मौसम है आया,
चलो इस बार कुछ अलग और अच्छा करें,
किसी को ख़ुश और किसी की हँसने की वजह बने,
महंगे महंगे गिफ्ट्स तो बहुत दे लिए,
अब की बार रूठे को मनाएँ और अपने दिल में उम्मीद का एक
दिया जगाएँ...
चलो इस बार मिलके एक प्यार भरी दिवाली मनायें।

❧❧❧

सपने सच होते हैं,
तू विश्वास कर तो सही,
जो न हुआ तेरा आज तक वो तेरे पास आने को बेक़रार है,
बस तू देख तेरा हौंसला कम न पड़ जाए कहीं...
तू एक सीढ़ी चढ़ने की हिम्मत तो दिखा,
आगे की दस वो तेरे लिए बनाने को तैयार है,

सवाल यह नहीं कि अब तक वो तुझे क्यों मिला नहीं,
सवाल तो ये है मेरे दोस्त कि क्या उसका हक़दार बनने के लिए तू
है सही।

❧❧❧

तुम्हारे साथ बिता लूँ चाहे कितने ही दिन,
दूरी के बाद के दिन कुछ अच्छे से नहीं निकलते,
फूल जब मुरझा जाए एक बार,
वो भी कहाँ इतनी जल्दी है फिर खिलते...
एक दिन हो या हो एक हफ़्ता,
तुम्हारे साथ बहुत जल्दी निकल जाते हैं,
उसके बाद तुम्हारे दूर होते ही,
आँखों से आंसुओं के समुंदर बह जाते हैं,
लाख कोशिशें की मन को समझाने की पर दिल को तुम्हारी याद
आ ही जाती है,
पर यही यादें हैं तुम्हारी जो तुम्हें मेरे दिल के और क़रीब लाती हैं।

❧❧❧

चलो फिर करते हैं अलविदा खुशियों को,
छोड़ के सब अपने चलते हैं उस देश को,

जहाँ कहने को है तो सब अपने पर पास कोई नहीं,
जहाँ ख्याल रखना रह ना जाए कोई ज़िम्मेदारी कहीं...
मौक़ा मिले तो आ जाते हैं वापिस अपने घर,
सालों बाद अपनी मॉ के हाथों का खाने का मज़ा होता ही है कुछ
और,
भूल जाते हैं सब काम जो छोड़ आते हैं पीछे,
कुछ दिनों बाद याद आता है कि अब वापिस जाना पड़ेगा क्योंकि
ज़िंदगी तो है अब उसी दलदल के नीचे।

तो क्या हुआ जो वो हुए हमारी नज़रों से दूर,
क़ब्ज़ा तो उनका ही है हमारी दिल की ज़मीन पे,
हाँ माना नहीं मिल होता उनसे कई दिन और कई महीने,
पर आते हैं वो बाँहों में हर रोज़ रात को सपनों में मेरे...
याद तो दूर की बात, वो कभी अनजान हुए ही नहीं हमारे ख़यालों
से,
ऐसा पल नहीं जब आया न हो उनका ज़िक्र हमारी बातों में,
काफ़ी दिनों से कुछ कमी सी महसूस हो रही थी मन में खुदा की
जगह पे,
देखा जब आज तो पाया उन्हें वहाँ तो ऐसा लगा जैसे जान सी आ
गई हो मेरी रूह रूह में।

मोहब्बत इतनी थी कि जब उसने एक फूल माँगा तो पूरा गुलदस्ता
उसके नाम कर दिया,
यक़ीन मानो अगर वो गुलदस्ता भी माँगती तो उसको फूलों से
सजा देते,
प्यार इतना किया उसने भी कि मुझसे बात किए बिना सोती नहीं
थी,
सबके सामने खुश रहती और अगर मन ख़राब हो तो मेरे कंधे के
बिना रोती नहीं थी।
छोड़के तो अब भी नहीं गई वो चाहे खुश है किसी और के साथ,
आज भी रुक जाता हूँ फूलों की दुकान पे तो लगता है वो है मेरे
ही आस पास,
हाँ माना अब बात नहीं होती बस यहीं तक लिखा था हमारा साथ,
पर झूठ तो वो भी नहीं था मेरे दोस्त जब करती थी इज़हार हाथों
में डालके हाथ।

❧❧❧

मुस्कुराहट अब हर वक़्त चेहरे पे रहती है,
सब कुछ इतना अच्छा लगता है कि कोई मुसीबत बड़ी नहीं लगती
है,
ये कैसा जादू हो गया है समझ नहीं आता,
कुछ न करके भी दिन बहुत अच्छा है निकल जाता...

तू सामने हो तो बस तुझे देखता रहूँ,
तू जी भर के हस्ती रहे ऐसी दुआ मैं करता रहूँ,
तुझे कभी कोई परेशानी न आए ज़िंदगी में,
हमारा साथ हमेशा बना रहे और मैं तुझे I LOVE YOU बोलता रहूँ।

ऊँचाइयों पर जाना आसान नहीं होता,
वहाँ बरकरार रहने से मुश्किल कोई काम नहीं होता,
लोग क्या कहेंगे अगर यही सोचते रह गए,
तो अपना टाइम आएगा कहते कहते ही ज़िंदगी का गुज़ारा होगा।

वक़्त भी कितना अजीब है,
जब क़दर न हो तो मिला देता है खुदा से,
लेकिन जब चाहत हो मिलने की,
तो पास हो के भी नहीं मिला पाता बावजूद लाख कोशिशों के।

तुमसे मिलने की चाहत बहुत थी,
महफ़िल में शामिल होने से राहत बहुत थी,
लेकिन न तो तुम महफ़िल में शामिल हो पाए,
और न ही हम अपने दिल की अधूरी ख़्वाहिश को पूरा कर पाए।

❧❧❧

न जाने क्यूँ अब बड़ों का कहना मानने लगा हूँ,
बहुत से हिसाब चुटकियों में करने लगा हूँ,
छोटा ही ठीक था मैं न जाने क्यों बड़ा हो गया,
मुस्कुराने के लिए भी अब तो सोचने लगा हूँ।

❧❧❧

चाँद और तारे नहीं तोड़ सकता,
तेरे लिए कुछ ज़्यादा मैं कर नहीं सकता,
क्यों मैं तुझे झूठे सपनों में लेके जाऊँ,
जब अपने प्यार से हक़ीक़त में तुझे हूँ पा सकता।

क्यों अंधेरे में सोचने लगता हूँ,
रौशनी में क्यों ख़याल उड़ जाते हैं,
अब तो अँधेरा ही अच्छा लगने लगा है,
रोशनी में तो मुझपे सवाल उठ जाते हैं।

कर ले तू ख़ुद पे विश्वास तो ऐसा चमत्कार हो जाए,
मेहनत कर इतनी की नामुमकिन भी मुमकिन हो जाए,
अगर आज तू ठान ले कि पीछे मुड़कर नहीं देखना,
तो ये सारी कायनात भी तेरे आगे झुकने को तैयार हो जाए।

भूलना चाहूँ भुलाया नहीं जाता,
क्यों दिमाग़ से तुझे निकाला नहीं जाता,
याद इतनी आती है तेरी, तू क्यों आती नहीं मगर,
संग तेरे बिता लूँ मैं अपनी ज़िंदगी पूरी, मिल जाएँ तेरे साथ सिर्फ़
दो पल अगर।

❧❧❧

आख़िर क्या हो जाता है,
क्यों इतना ज़्यादा इन्सान उसमें खो जाता है,
हो कोई इंसान या हो कोई समाँ,
जुड़ जाता क्यों उससे दिल का नाता है...

कर तो चले हैं इस साल को अब अलविदा,
कितनी यादें बनी इस साल में,
किसी का दिल टूटा तो कोई हुआ किसी पर फ़िदा...
चाहे कितनी ही बुरी यादें क्यों न हो,
छोड़ के जाना उतना ही मुश्किल है,
लेकिन नए साल में है कुछ बहुत अच्छा आने वाला,
ऐसी उम्मीद भी करता ये दिल है।
तो आओ करते हैं स्वागत बहुत प्यार से इस साल का,
उसमें आने वाली चुनौतियों का और नए नए रिश्तों का,
करने चले हैं आगाज़ जीवन की किताब का एक नया अध्याय,
जो ढेर सारी खुशियां और हर अवसर को पार करने की हिम्मत
लाए।

इस क़दर हम तुमसे मोहब्बत करते हैं,
न जाने क्यों लोग सच्चे प्यार को झूठा इकरार देते हैं,
कुछ ख़ास तो नहीं चलो, हमारे प्यार की एक मिसाल ही सही,
एक छोटा सा तोहफ़ा आपके लिए आपके पास पेश करते हैं...

तुम्हारे साथ हँसना खेलना और यहाँ तक कि रोना भी मंज़ूर है,
सिर्फ़ इसलिए क्योंकि उसमें तुम मेरे साथ हो,
कितने ही घंटे, दिन क्यों न तुम्हारे साथ बिता लूँ, वो लगते सब,
कुछ पल ही हैं,
क्योंकि उन सब में तुम मेरे पास हो...

आज तक महसूस न हुआ किसी के साथ पर तुम्हारे साथ पूरे
विश्वास के साथ कह सकता हूँ,
कर सकता हूँ तुम्हारे साथ वो FOREVER वाले वादे और करता
हूँ कि रहूँगा हमेशा साथ तुम्हारे,
चाहे कितनी ही बड़ी मुसीबत क्यों न आ जाए, कभी न आने दूँगा
किसी तरह की दूरी बीच हमारे।

मन कभी ना चुप हुआ पर हम कभी न बोल पाए,
साथ साथ चलते हुए भी न उसके साथ कभी चल पाए,
पास रह कर भी न जाने कितनी ही दूरी रही,
कोशिशें तो हज़ार की मगर उनको कभी ना समझ पाए...
ये नहीं कि प्यार कम किया उनको, सारी दुनिया रही वो हमारी,
बस दो चाहने वालों के बीच में उन दोनों की क़िस्मत है आज
हारी।

आयी राखी एक बार फिर,
दूर होके जो मनानी है,
दूरी और ज़्यादा याद दिलाती है तेरी,
और खुल जाती है जो साथ बिताए लमहे, उनकी कहानी है...
हैपी रक्षाबंधन बहना,
ये बंधन कभी टूटे ना,
तू ऐसे ही हमेशा ख़ुश रहे,
कभी किसी वजह से रूठे ना।

चलते जा तू रुक नहीं,
आ जाएगी मंज़िल तेरे पास ख़ुद यहीं,
जो तेरा है वो तुझसे कोई ले जा नहीं सकता,
ध्यान दें पूरा तू खो ना जाए कहीं...
तू उठ भाग दौड़ ले, अब चाहे कितनी ही मुश्किलें आए तेरे सफ़र
में,
ये करेगा ज़िंदगी में कुछ से लेके ये करेगा ज़िंदगी में कुछ तक का
सफ़र तय करना है,
बहुत मरके जी लिए, अब तो ज़िंदगी में जीके मरना है।

जब तुम साथ हो तो कोई मुश्किल बड़ी नहीं,
दूर हो मुझसे पर खो न देना अपनी मुस्कुराहट कहीं,
हो सकता है न मिल सकूँ तुम्हें काफ़ी समय तक,
लेकिन याद रखना हूँ मैं हमेशा तुम्हारा हाथ पकड़े वहीं।

बिछड़ भी गया वो मुझसे तो भूल कैसे पाएगा,
मोहब्बत ऐसी कि बिछड़के भी वो मेरी तस्वीर को ही गले से
लगायेगा,
किसी और से प्यार करने भी लगे तो शर्त ज़रूर रखेगा,
मुझे याद करके कहेगा उसको,
कि अगर करना ही है प्यार तो क्या उसके जैसा कर पायेगा?

❧❧❧❧

तेरी यादों में है गुज़ारी मैंने ये रातें,
तेरे न होते हुए भी की है तुझसे ही मैंने बातें,
लोग इश्क़ में पागल आवारा जो मर्ज़ी बोलते रहें,
नींद तो कहाँ गई पता नहीं,
जागते हुए भी मुझे तेरे ही सपने है आते।

❧❧❧❧

कई दिन बीत गए कोई सामने नज़र आया नहीं,
लफ्ज़ जो होते थे ज़ुबान पर वो आजकल नज़र आते नहीं,
न जाने क्यों ऐसा हो गया है हाल की कोई बात हमारी सुनता
नहीं,

शायद इसी लिए लफ़्ज़ अब ख़त्म हो गए हैं ये बताने के लिए भी
लफ़्ज़ अब बचे नहीं।

❧❧❧

प्यार के नाम पे लड़ते हैं,
छोटी छोटी बात पर झगड़ते हैं,
अगर कुछ हो जाए बात ऐसी वैसी,
तो एक दूसरे के लिए सबसे पहले खड़ते हैं...

करती है जो प्यार मॉ जैसा,
है नहीं कोई दूसरा उस जैसा,
भले ही हो गई हो दूर हमसे,
नहीं जुदा कर सकती हमें ये दूरियाँ तुमसे।

❧❧❧

बहुत चाहने पर भी कई बार मिल नहीं पाते,
क़िस्मत आज कल थोड़ी उदास लगती है,
तेरे से दूरी हुई तो हाल कुछ ऐसा हो गया,
मैं तेरा देवदास तू मेरी पारो लगती है।

❧❧❧

कहने को तो लोग बहुत कुछ कहते हैं,
हम भी कहाँ किसी की सुनते हैं,
लेकिन अगर हमारी कोई सुने तो,
हर बार हमारी तलाश में ही रहते हैं ।

❧❧❧

तुम रहो साथ मेरे ऐसी दुआ मैं करूँ,
कहीं छोड़कर मत जाओ,
ऐसी ख़्वाहिश रहेगी हमारी हमेशा,
कि हस्ती तुम रहो और उसकी वजह मैं बनूँ।

❧❧❧

जितना मर्ज़ी कर लो दिल पत्थर का,
एक दिन टूट ही जाना है,
जितने मर्ज़ी आंसू रोकने की कोशिश कर लो,
उन्होंने बिन पूछे चले आना है...
चाहे तुम कर लो लाख कोशिशें,
वो तुम्हें याद आ ही जाना है।

❧❧❧

हम भी ज़िंदगी में आगे बढ़ रहे हैं,
कहीं न कहीं तो ज़रूर पहुँच जाएंगे,
इन्स्टा के saved में तो आ ही गए हैं,
उनके दिल में भी अपना नाम जल्द ही पाएंगे।

❧❧❧

तेरे साथ लड़ते लड़ते ही तेरे साथ जीने में मैं माहिर हो गया,
जीते जी मरा न होता ज़िंदगी में आज अगर तेरे बिना जीना आता
होता।

❧❧❧

उसके मिक्स्ड सिग्नल को हाँ में बदलना ही मेरी कोशिश है,
अगर वो अपने Netflix को pause करके तुम्हें रेपलाई दे तो मेरे
दोस्त वही सच्चा इश्क़ है ।

दिल टूटा आज तो बारिशें भी बेहिसाब हुई,
उसके दूर जाने पे खुदा भी बहुत रोया है,
ज़रा मेरी लकीरें तो पढ़के बता,
ए कम्बख़्त,
कौन है जिसने मेरा नसीब मुझसे खोया है।

अजीब सा रिश्ता बनाया है खुदा ने मेरा उसके साथ,
उसके आँसू आते ही मेरी आँखें खुद नम हो जाती हैं,
बातों की गहराइयों बढ़ जाती हैं जब बातें अक्सर कम हो जाती हैं।

रात रात भर नींद नहीं आती मुझे,
उन रातों में आके मेरे ग़मों को अधूरा कर दो ना,
काफ़ी ख़ाली ख़ाली सा महसूस होता है मुझे ज़िंदगी में,
तुम आके ज़िंदगी में मुझे पूरा कर दो ना।

यारों के संग महफ़िल में बैठा तो ग़म भी कोई चीज़ है याद न
आया,
जिनकी खाया करते थे कभी वफ़ा की क़समें,
उनकी भी बेवफ़ाई का कोई ख़याल न आया।

कुछ ठीक न हो तो वक़्त के साथ चलने में सख़्त लगता है,
वक़्त को वक़्त दो सब ठीक होने में वक़्त लगता है।

सच्चा प्यार नहीं तो चल धोखा ही सही,
इसी बहाने तेरे साथ ज़िंदगी की किताब में कोई पन्ना तो जुड़े।

मरना तो तय है मेरे दोस्त तेरा,
तो खुलके जीना शुरू कर,
क्या पता कब लग जाए तेरा नंबर,
तो छोड़ सारी चिंता और करले थोड़ा विश्वास ख़ुद पर।

☙☙☙

तुमसे दूर रहना क़बूल नहीं इस दिल को,
क़सम खुदा की जिसे ढूँढ रहा था मैं सदियों से वो तुम ही हो,
जितनी साँसे लिखी है तुम्हारी खुदा ने,
मैं करता हूँ दुआ मेरी उससे एक कम ही हो।

☙☙☙

थक चुका हूँ,
आईने के सामने खड़े हस्ते चेहरे के पीछे के ग़मों को छुपाके,
मैं थक चुका हूँ,
लोगों को वो मुस्कुराहट पहुँचाके, उनके उदास चेहरों को चुराके,

मैं थक चुका हूँ,
क्यों नहीं समझते ये लोग और ये लोग लगते कौन है मेरे जिनकी
इतनी परवाह मैं करता हूँ,
शायद उदासी क्या होती है वो जानता हूँ इसलिए दुनिया में न फैल
जाए, इससे मैं डरता हूँ।

❧❧❧

मुझे किसी ने पूछा कि जिसका तुम्हें इंतज़ार था, ये वही है कैसे
पता?
मैंने भी कह दिया,
देखा जब मैंने उन्हें पहली बार तो मन किया कि यही हो जिसे मैं
देखूँ ज़िंदगी में आख़िरी बार।

❧❧❧

उसने इतना अंधेरों में रखा कि अब तो बंद कमरों में अपना सा
लगता है,
ये खुली हवाएँ और जी भर का इज़हार अब तो बस एक सपना सा
लगता है।

❧❧❧

जब सब छोड़ जाएं और बस रह जाए गहरी तन्हाइयों का साथ,
तो यक़ीन रखना मेरे दोस्त, कभी न छोड़ना अपने घर परिवार का
साथ।

❧❧❧

क्यों होती बहुत नाइंसाफ़ी है,
हमारे घर बहुत खुशियां पर पूरी दुनिया में हमारे लिए नफ़रत
काफ़ी है,
कहाँ रही गलती मेरी समझ नहीं आता, हमने तो करम आज तक
बस किए अच्छे,
हाँ माना ग़रीब हैं पर हैं तो हम मासूम से छोटे बच्चे।

हूँ मैं नादान पर क्यों उसका सब फ़ायदा उठा जाते हैं,
क्यों भगा दिया जाता है हमें हर जगह से हम भी पेट भरने के
लिए ही तो खाते हैं,
क्या गलती थी मेरी जो जन्मा मैं ग़रीब बाप के घर, लिखी नहीं
मैंने क़िस्मत अपनी,
धीरे धीरे छोटी करते जा रहे हैं हमारी रहने की जगह अपनी छोटी
सोच की तरह ही।
नहीं कोई मेरा क़सूर फिर भी मैं माफ़ी माँगता हूँ,
सब करते हैं मुझे पराया मैं फिर भी सबको अपना मानता हूँ,
सबके स्वार्थ में कोई तो अच्छा भी होगा ये यक़ीन है,
आएगा एक दिन ऐसा जब सबकी सोच बदलेगी मैं जानता हूँ।

3. एक तरफा प्यार

ना जाने ऐसा ज़िन्दगी में क्यों होता है ?
हम जिससे प्यार करें उसको किसी और से होता है,
अफसोस तो तब बहुत होता है,
लेकिन हम भूल जाते हैं,
कि हमने भी किसी ना किसी का प्यार ठुकराया होता है।

हां मेरे दोस्त यही है एक तरफा प्यार...

मज़ा तो बहुत आता था उसे रोज़ देखने में,
उसके देखने पे मुंह मोड़ लेने में,
हां ये प्यार था और वो भी एक तरफा,
हस्ती वो थी और दिन मेरा हसीन हो जाता था।

दोस्त भी बड़े कमीने थे,
उसकी कक्षा के आगे से ही निकलते थे,
वहां पहुंचकर,
ज़ोर ज़ोर से मेरा नाम चिल्लाते थे।

लड़के तो बहुत थे उसके भी पीछे,
लेकिन वो किसी को भाव नहीं देती थी,

तभी तो मैं भी अपने दोस्तो को कह दिया करता था ,
तुम्हारे भाई की वजह से ही वो सबको ना करती थी।

आज तक मेरी हिम्मत नहीं हुई उससे कुछ कहने की,
लेकिन मन में उसे हज़ार बार बुलाता था,
वो बस मुझे देख के मुस्कुरा दे,
इसकी दुआ हर रोज़ किया करता था।

असल में तो ऐसे ही उसको देखना पसंद करता था,
उसकी एक हसीं पे अपनी जान देने को तैयार था,
वो तो मिलने कभी आयी नहीं थी,
लेकिन मैं उससे हज़ार बार मिल चुका था।

उसकी नज़र में थे कई सपने,
जो करना चाहती थी वो सच्च में अपने,
उसने तो कभी मुझे कहा नहीं था कुछ,
लेकिन उसकी आंखों का जादू कुछ ऐसा था,
जैसे सब कुछ बता दिया था उसने खुद।

हमारी मुहब्बत में भी कहां थी कोई कमी,
चाहे वो करती रहती थी हमें नजरंदाज,
लेकिन हमने भी आज तक आने ना दी उसकी आंखों में नमी।

ये एक तरफा प्यार दर्द भी बहुत देती है,

ये दर्द सहने की ताकत भी हर किसी में नहीं होती है,
खुशनसीब हैं लोग जिन्हें प्यार के बदले प्यार मिल जाता है,
लेकिन बदनसीब तो हम भी नहीं क्यूंकि,
उसके ख्यालों में भी मेरे सिवा किसी और का हक़ नहीं।

काश वो भी हमारे साथ होती,
मेरे में भी कम नहीं था उसका फितूर,
पर चलो वो खुश होनी चाहिए,
हमरे साथ हो या हमसे दूर।

एक तरफा प्यार की बात ही कुछ अलग है,
ना तो उससे कोई शिकवा और ना कोई शिकायत,
उसको बस देखते रहना,
बिना कोई बगावत।

पर हो सकता है वो भी मुझे पसंद करती हो,
आगर उससे ज़िक्र कर देता तो शायद वो मेरी हो सकती थी,
लेकिन ये पागल दिल को कोन समझाए,
इसको एक तरफा प्यार करने की आदत जो हो गई थी।

4. लॉकडाउन: एक ख़ूबसूरत हादसा

COVID का टाइम और लॉकडाउन का माहौल,
सब डरे सहमें घर में बैठे,
जैसे जग सारा हो एक दूसरे से रूठे।

रात का टाइम था और as usual tinder का साथ,
लड़कियों को लेफ़्ट राइट स्वाइप करके ख़ुश होते मेरे जज़्बात,
एकदम से पढ़ी नज़र एक लड़की पे, जिसको देखा था कल छत पे
बाल सुखाते अपने घर से,
छलकायी उसने अपनी लटें कुछ इस तरह कि दिमाग़ से नहीं
निकल पा रही थी वो तब से।

किया मैंने भी राइट स्वाइप एक दम से और देखने लग गया
उसकी तस्वीरें उसी वक़्त,
पिघला मेरा मन ऐसा उसे देख चाहे सोचा था सुबह ही कि बनना
है अब ज़ाकिर भाई जैसा सख़्त।
देखते ही देखते टिंडर से कब इंस्टाग्राम और इन्स्टा से कब
वॉट्सऐप पर आ गए पता ही न चला,
बातें होने लगी इस क़दर कि एक ही जगह पे सुबह होती और पता
ही नहीं चलता कि कब सूरज ढला।

अब सुबह उसके गुड मॉर्निंग के मैसेज से होती और रात गुड नाइट
से,
और हर दुपहर किसी न किसी बहाने से उसे देखते रहना अपनी
छत से,
ऐसी आदत लगी उसकी कि अगर न आया हो उसका गुड मॉर्निंग
का मैसेज तो सुबह ही मानो होती नहीं थी,
जिसका इंतज़ार पूरी ज़िंदगी भर किया मैंने मानो वही थी।

उसके और मेरे घर की दूरी चाहे थी चार गलियों की,
पर उसको एक बार देख के गले लगाने को मन करता था...
कई बार तो ऐसे लगे की खड़ी है चार कदमों पे,
पर मिलने को जैसे पूरा जनम लग सकता था।

अब इंतज़ार करना मुश्किल हो गया था क्योंकि फ़ोन पे बात करते
हो गया था डेढ़ साल,
देखा तो उसको हज़ारों बार था पर फिर भी न हुआ था अभी
उसकी ख़ुशबू का एहसास,
आया फिर वो दिन जब मानो कि भगवान ने सारी दुआएँ सुन ली
हों,
लॉकडाउन हटने की ख़बर सुनते ही दोनों ने मिलने की ख्वाहिशें
जैसे बच्चों की तरह दिमाग़ में बुन ली हों।

किया फिक्स दिन और टाइम मिलने का वो अच्छी सी रोमांटिक
कॉफ़ी वाली जगह पे,
आज न जाने कितनी देर बाद मिलना था सुकून इन बांहों को
उनको गले लगाने पे,
टाइम था चार बजे का पर मैं पहुँच गया था दो बजे सारी तैयारी
करने,

सजावट फूल गिफ़्ट में किसी तरह की कमी नहीं छोड़ी मैंने और
जैसे ही चार बजे इन आँखों में लगे ख़ुशी के आँसू भरने।

साढ़े चार का टाइम हुआ और वो उतरे बस से कॉफ़ी शॉप के
सामने,
मानो उनकी आँखें कह रही हो सॉरी उलझा रखा था काम ने,
फ़ासला अब सिर्फ़ एक सड़क का था जो पार करके सुकून को मिल
जाना था,
पर क्यों नसीब में मेरे उनका सिर्फ़ और सिर्फ़ दिल ही पाना था।

मुड़ के देखा उनकी तरफ़ तो आँखें पड़ी नीचे सड़क पे,
एक गाड़ी तेज़ आते मार गयी उनको बस एक धड़क में,
मैं भागा उनकी तरफ़ से और चिल्लाया इतनी ज़ोर से,
क्यों मेरी ही मोहब्बत को बाँधा था इतनी पतली डोर से।

पहली बार इतनी शिद्दत से कुछ पाने की कोशिश की थी मैंने,
पर वो भी मुझे ना मिला,
रही मेरे पास तो सिर्फ़ अधूरी मोहब्बत और अधूरी तम्मना उनको
गले लगाने की,
रह गया अधूरा वो भी सिलसिला।

उनकी आँखें थी मेरी तरफ़,
और मेरी रुह अपने बिछड़ते सनम में,
मैंने गले लगाया उन्हें कुछ इस तरह,
कि मोहब्बत ले गई मुझे भी उनके पास अगले जनम में।

5. ज़िन्दगी बहुत हसीन है

ज़िन्दगी होती नहीं सबके लिए आम,
सब लगे हैं अपना अपना नाम,
आदमी को ना रही आदमी की फ़िक्र,
सब करने मे लागे है अपना अपना ज़िक्र।

लोग वो भी हैं जो करते हैं कमाई मोटी,
और लोग वो भी हैं जिनके नसीब में नहीं आती एक वक़्त की
रोटी,
तू माना शुकर और बना ले उस भगवन को अपना,
और अगर ऐसा हुआ तो कोई अधूरा ना रहेगा तेरा कोई सपना।

ये दौड़ ज़िन्दगी की रुकेगी ना कभी,
जिसमे लगे है बिना कुछ सोचे समझे सभी,
जिस्की न तोह कोई मंज़िल है,
और ना ही सफर का ज्ञान होगा कभी।

ज़िन्दगी रुकती नहीं चलती रहती है,
अपने रंग बिना बताए दिखती रहती है,
तुम सब भी उस रंग को अपना बना लो,
और दुनिया को अपने असली रंग दिखा दो।

खुशी आज कल रह गई है सिर्फ पैसों में,
दोस्ती हो रही है तो सिर्फ अमीरों में,
गरीब को कोई दोस्त क्यों नहीं बनाता,

जब कोई भी अपने साथ पैसा लेके नहीं जाता।

बड़ी जल्दी सोच लेते हैं आज कल आत्म हत्या के बारे में,
ज़िन्दगी की कीमत अभी नहीं पता उनको इस ज़माने में,
अगर मरना ही है तो नहीं रोकता मै,
बस एक बार जाके देख उस इंसान को, जिसको ज़रूरत है ज़िन्दगी
की,
लेकिन मौत खड़ी है उसके घर के दरवाज़े में।

एक ही ज़िन्दगी सबको मिलती है,
जिसका फैसला हमें खुद करना है,
मरके है जीना,
या जीके मरना है।

ज़रा एक बार तू निकल और हाथ मिला इस दुनिया से,
पैसे के पीछे नहीं तू भाग पीछे अपने मन के,
असली खुशी क्या है तुझे पता लगे,
कभी जाके देख यारों की महफ़िल में।

तू क्यों है निराश,
तू क्यों है उदास,
आंखें खोल और देख,
ख़ुशी है तेरे आस पास।

छोड़ दो सब मोह माया और होजा सबसे जुदा,
लगा ले ज़िन्दगी को गले ताकि खुश हो जाए वो खुदा,
बहुत हसीन है ये ज़िन्दगी कभी देख मन की नज़रों से,
फिर कभी नहीं देखेगा उदासी आइने के सामने खड़े चेहरे पे।

ज़िन्दगी इम्तेहान ले तो लेने दो,
सबक सिखाती है तो सिखाने दो,
क्यूंकि अगर जीत ऐसे ही मिल गई तो उसकी इतनी कदर नहीं
होती,
अगर हार के बाद जीत मिले तो उसके जैसी कोई बात नहीं होती।

6. छोटी छोटी चीज़ें सच में मायने रखती है

यही तो दूसरे के प्यार को आइने के सामने रखती है,
छोटी छोटी चीज़ें ही तो है जो सच में मायने रखती है...

मेरे ना बोलने पर भी एक और रोटी दे जाना,
और जब लास्ट पीस बचा हो उसकी भूख का मर जाना,
माँ के प्यार दिखाने का अंदाज़ होता ही कुछ ऐसा है,
हर बार कम में ख़ुश हो जाना, न जाने दिल ये एक माँ का कैसा
है।

रात को सोते चाहे ज़मीन पे या सोफ़े पे थे,
सुबह मिलते हमेशा बिस्तर पे ही थे,
ये पापा का प्यार भी कितना हसीन होता है ना,
खिलौना दिमाग़ में बाद में आता था और हाथ में पहले लाके देते
थे।

ये छोटी छोटी चीज़ें ही तो हैं जो उनके प्यार को आईने के सामने
रखती है,
और यही छोटी चीज़ें ही तो सच में मायने रखती है।

और ये भाई बहन भी बड़ी कमाल की चीज़ दी है भगवान ने,
चाहे जितना मर्ज़ी बड़ा कांड किया हो,
ये घर वालों के सामने सब संभाल लेते हैं,

हर छोटी से छोटी बात इनको बताना,
और जब भी कोई काम बोलो इनको मुँह पे टाल देते हैं।

हमें दुनिया से लड़ने की ताक़त देती यही प्यार की शक्ति है,
और यही छोटी छोटी चीज़ें ही तो है जो सच में मायने रखती है।

यारों के साथ बैठूँ तो लगता ही नहीं कि ये परिवार से अलग हैं,
मूड जब ख़राब हो तो न जाने कैसे ये एकदम से बदल लेते हैं,
पीठ पीछे हमारी हमें कोई कह जाए यह नौबत आने नहीं देते चाहे
मुँह पे तो गालियां ही देते हैं।

ये साथ हों तो ज़िंदगी बहुत आसानी से निकल जाती है,
और हो जाए कोई लफड़ा तो सबसे पहले पीछे खड़े इनकी ही
आवाज़ आती है,
जैसी मर्ज़ी दिक़्क़त आ जाए इनके पास एक ही बात होती है कि
इसको दारू पिलाते हैं,
और ये ही हैं जो अपनी गालियों से ही अपने प्यार का एहसास
दिलाते हैं।

अब आते हैं वो ज़िंदगी में शायद सबसे बाद में आते हैं,
पर ज़िंदगी का सफ़र सबसे लंबा यही साथ निभाते हैं,
शायद तभी ये असल में तुम्हारा प्यार कहलाते हैं।

जो चलते चलते कर दें तुम्हें सड़क के दूसरी साइड पे,
और जिसे एक झलक में पता चल जाए तुम ठीक नहीं,
बावजूद तुम्हारे ठीक हूँ कहने पे...
जिनके साथ कोई बात न हो फिर भी बात करने का मन करता है,
और जितनी मर्ज़ी बातें कर लो ये मन कहाँ भरता है।

यही सबका प्यार है जो इंसान को बनाता है,
और दुनिया में उसकी असली पहचान दिलाता है,
और अगर मेरे दोस्त, तुम भी इन छोटी छोटी चीज़ों का हिस्सा हो,
तो याद रखना कि ये हो नहीं सकता कि तुम्हारी कल कोई हार
का क़िस्सा हो।

क्योंकि यही तो दूसरे के प्यार को आइने के सामने रखती है,
और छोटी छोटी चीज़ें ही तो है जो सच में मायने रखती है॥

7. झूठे वादे

खाते थे जिन यारो की कसमें,
मर जाने को तैयार थे उनके लिए,
न जाने कहाँ चले गए वो,
कितने ही वादे साथ रहने के चाहे किए।

काम के चक्कर में गए या गए वो ख़ुद की ज़िंदगी बनाने,
चले गए यहाँ न जाने अपनी कितनी ही ज़िंदगियाँ छोड़ के,
सपने पूरे करने अपनी असलियत को तोड़के।

हो चाहे US, UK या हो वो Canada,
मैं माँगता हूँ वापिस तुझसे अपने यारी के वादे,
पूरे करने वाला तो तू ले गया,
छोड़ गया यहाँ बस मॉ बाप के सारे सपने आधे।

लगाते हैं वहाँ सूबह शाम की शिफ़्ट,
मेहनत करके खूब फिर भेजते हैं घर वालों को Apple के गिफ़्ट,
मेहनत तो मेहनत है क्यों नहीं कर लेते फिर अपने ही देश में,
क्यों बन जाते हैं गुलाम फिर से लोगों के फिरंगी भेस में।

मौक़ा मिले तो आ जाते हैं वापिस अपने घर,
सालों बाद अपनी मॉ के हाथों का खाने का मज़ा होता ही है कुछ
और,
भूल जाते हैं सब काम जो छोड़ आते हैं पीछे,
कुछ दिनों बाद याद आता है कि अब वापिस जाना पड़ेगा क्योंकि

ज़िंदगी तो है अब उसी दलदल के नीचे।

8. मैं सिर्फ मैं

करने चला हूं एक बात जो किसी को मत बताना,
थाम के सबका हाथ मेरा काम है सारी दुनिया को घुमाना,
जिसने थामा मेरा हाथ वो है आज सितारों पे,
जो रह गया पीछे वो दबा है नीचे पैरों के।

हां मैं वही हूं जो है आपकी जेब में पड़ा,
रहता हूं अंदर लेकिन मेरे दम पे ही है ये आदमी खड़ा,
सब चाहें मुझे, ये रिश्ता है मेरा सबके साथ कैसा,
अच्छे हो या बुरे, सब बुलाते हैं मुझे पैसा।

मैं हूं सबसे बड़ा सबसे ताकतवर, मैंने ही दुनिया को रंगीन बनाया,
मेरी वजह से ही आदमी जैसा चाहे वैसा बन पाया,
मत समझो मुझे इतना अच्छा मैं हूं बहुत ज्यादा बुरा भी,
भाई से भाई को जिसने दूर किया मैं ही हूं वो मसीहा ही।

पागल हो गए हैं लोग अब मेरे पीछे,
हत्या कर देते हैं वो एक दूसरे की,
क्योंकि अब आ गए हैं वो मेरे दबाव के नीचे।

अरे खुशी क्या चीज़ है ये तो मैं निकाल दूंगा सबके मन से,
महंगे से महंगा कपड़ा लाके दूंगा जो लगाएगा आदमी अपने तन
से,
आईफोन की बारिश कर दूंगा मैं ऐसा मेरा विश्वास है,

बात करने को चाहे कोई नही होगा, चाहे वो दूर हो या पास है।

अब रिश्तों से पहले सोचते हैं लोग मेरे बारे,
पहले से काफी ज़्यादा समझदार हो गए हैं अब सारे,
इतना बड़ा बन चुका हूं मैं आज,
कि मेरे आगे बड़े से बड़े आदमी हैं हारे।

हां माना ये गलत है, खुशियां ज्यादा ज़रूरी हैं,
पर मुझे क्या मैं तो खुश हूं क्योंकि इंसान को मेरी ज़रूरत पूरी है,
इसका ही तो फ़ायदा उठाता हूं और भर देता हूं सबके मन में मैं
लालच,
तो क्या हो गया अगर हूं मैं एक छोटा सा कागज़।

रोटी दाल कपड़ा मकान, सब लेने के लिए मेरी जरूरत है,
लेकिन कोई समझता ही नहीं कि हर चीज़ की एक सीमा है,
मैं देता हूं खुशी आदमी को लेकिन वो होती है अस्थाई,
असली खुशी भूल गया आदमी जबसे उसने मेरी छत अपने ऊपर
पाई।

पैसे से ज्यादा याद आएंगी यादें,
वो यारों के साथ किए ऐसे ही रहने के वादे,
पर मैं कोनसा कम हूं कर दूंगा सब खत्म,
बन जाऊंगा इतना बड़ा कि रह जाएगा सिर्फ मैं और मिटा दूंगा
हम।

बहुत ज़रूरी है पैसा भी,
लेकिन अगर आ जाए कोई मुसीबत ज़िंदगी में,
तो हर बार पैसा ही नहीं,
काम आता है यारों का हौंसला ही।

है नहीं कोई मेरा कसूर, मैने तो बस आदमी को अच्छा बनाया,
नहीं पता था मुझे, कि मुझे पाकर चढ़ जाएगा सब पे स्वार्थ का साया,
इतना स्वार्थ तो मुझमें भी नहीं दोस्त, कि मैं ये सब देख सकूं,
दुआ करता हूं यही कि सब मुझसे प्यार करें मेरा नशा नहीं, मुझे पकड़ते पकड़ते छोड़ ना दें पीछे खुशियां कहीं।

9. बहुत मुश्किल होता है घर छोड़ के ग़ैरों में रहना

वो कहते हैं ना कि हमेशा फ़ालतू ही लगता है वो पल जब हमारे
पास होता है,
और जब चले जाए हमसे दूर तो ही असली क़ीमत का एहसास
होता है।

तो ऐसा ही एक वक़्त हर एक की ज़िंदगी में कभी ना कभी तो
आता है,
और उसके बाद इन्सान ख़ुद को ख़ुद की पहचान से अलग ही
पाता है,
और मेरा ये वक़्त आया जब आई मेरी बारी घर छोड़ के जाने की,
दूसरे शहर में अनजान लोगों के बीच घर बसाने की।

और तब जाके समझ आई क़ीमत मुझे अपनों की,
ख़ुद को भूखा रखा ताकि भूख मिट सके सपनों की...

जब मना करने पर किसी ने न पूछा दोबारा खाने के लिए,
जब बीमार होते हुए भी किसी ने हाल न पूछा और ख़ुद ही जाना
पड़ा दवाई लाने के लिए,
तब पता चला कि,
बहुत मुश्किल होता है घर छोड़ के ग़ैरों में रहना,
अपना शहर छोड़ के दूसरे शहर को अपना कहना।

घर पे अलार्म बजने के बाद भी स्नूज़ पे दो तीन बार तो डाल ही
देते थे,
और न हो फिर उसके बाद भी मन उठने का तो मम्मी को कह के
थोड़ा और सो लेते थे,
यहाँ जब उठ गए आज अलार्म से पहले ही तो लगा घर छूट गया
है,
चैन से बिन टेंशन की नींद, वो सिलसिला तो अब टूट गया है।

बारिश हुई एक दिन तो खिड़की से देखा कुछ बच्चों को नहाते हुए,
याद आ गए मुझे भी अपने दिन वो बारिश वाले नहाते थे जब
गाते हुए,
मन किया आज भी कि निकल जाऊँ उन बारिशों में एक बार फिर
भूल के सब,
पर बहुत देर हो चुकी थी क्योंकि फँस चुका था मैं लोग क्या कहेंगे
के दलदल में अब।

बहुत मुश्किल होता है घर छोड़ के ग़ैरों में रहना,
अपना शहर छोड़ के दूसरे शहर को अपना कहना,
क्योंकि नहीं कोई रखता यहाँ बिन मतलब का किसी के साथ
रिश्ता,
पर आ जाता है यहाँ इन्सान को हर दुख और दर्द सहना।

पर क्या करें जाना तो पड़ता है घर को छोड़ के,
सपनों को पूरा करने अपनों की डोर को तोड़ के,
पर यही तो ज़िंदगी की रीत है घर छोड़ के प्यार से एक नया घर
बसाना है,
आगे जाके मेरे बच्चों ने भी तो उनके लिए बनाया ये घर छोड़ के
जाना है।

और चलो ज़मीन मेरे नीचे की बदल गई पर उपर आसमान तो
वही है,
उसी आसमान को छूना है अब क्योंकि यहाँ मुझे दर्द में देखकर ना
कहने वाला भी तो कोई नहीं है,
हाँ माना बहुत मुश्किल होता है घर छोड़ के ग़ैरों में रहना,
पर अब यही तो शहर है जिसको आज के बाद अपना है कहना।

10. तू एक दिन कामयाब ज़रूर हो जाएगा।

कहने को तो कुछ नहीं है ये ज़िन्दगी,
लेकिन अगर देखा जाए तो काम बहुत आती है,
अगर एक बार हो जाए इससे दिल्लगी।

मौका मिले तो चांद तक भी पहुंच जाऊंगा,
मौका मिले तो तारे भी तोड़ लाऊंगा,
इस चार दिवारी से निकलने तो दे और फिर तू देख,
कैसे अपनी मंज़िल को हासिल कर लाऊंगा।

मेरा भी मन है दुनिया पे छाने का,
मेरा भी मन है हर लफ्ज़ पे अपना नाम लाने का,
अभी बस दौर कुछ ऐसा चल रहा है,
समय आने दे तुझे भी मौका मिलेगा मज़ा पाने का।

तू मत रुक चाहे कितनी भी दूर हो मंज़िल,
हम पहुंचेंगे ज़रूर बस तू मत छोड़ अपनी ये ज़िद,
दुनिया यहीं होगी और होंगे लोग भी सारे यहीं,
तू होगा चांद सितारों पे और देखेगा सब तमाशा बैठा वहीं।

मत भूल तुझे किसने यहां तक पहुंचाया,
कौन था तेरा साथी और कौन बना तेरा साया,
मत भूल तू उनकी भी कुर्बानियां,

तेरे साथ साथ उन्होंने भी है बहुत कुछ गवाया।

अब तो बस ज़िद है यही,
कुछ करके दिखाना है यहीं,
क्या तुझसे ये हो पाएगा?
ये पूछ अपने आप से और कह,
तू एक दिन कामयाब ज़रूर हो जाएगा।

उठाने दे उंगली उठाते हैं जो,
कल वही लोग होंगे जो कहेंगे,
अरे मुझे तो विश्वास था इसपे तो,
तू बस देख अपने लक्ष्य को और छोड़ दे बाकी लोगों को,
क्यूंकि लोग तो कुछ कहेंगे उनका काम है कहना तो।

रातें चैन से सो कर नहीं जाग जाग कर बीतानी होंगी,
बिस्तर पर लेटकर नहीं बेचैनी से इधर उधर घूमकर बितानी होगी,
लेकिन तू खुद को उस मंज़िल पे ज़रूर पाएगा,
क्योंकि तू एक दिन कामयाब ज़रूर हो जाएगा।

तुझे गिरना भी होगा,
तुझे रोना भी होगा,
तेरे को चुप करवाने वाला जब तेरे साथ नहीं होगा,
तब जाके तू उस मंज़िल पे पहुंचने के काबिल होगा।

करदे तू अपने आप को इतना बुलंद,
सारी दुनिया को करले तू अपने संग,
कोई कसर न रहे तेरी मेहनत में,
दुनिया भी तारीफ करे देखकर तेरे रंग।

तू जा जहां पे अपनी छाप छोड़कर आ,
तेरी बात तेरे पीठ पीछे भी हो ऐसा कुछ करके आ,
पन्ने से पन्ना जुड़ता जाएगा,
और तू अपने आप को अपनी मंज़िल के बहुत करीब पाएगा।

अपने पे भरोसा कर तो लिया है पर क्या होगा पता नहीं,
चलते तो जा रहा हूं पर सफर कहां ले जाएगा मालूम नहीं,
सोचा तो बहुत कुछ है लेकिन अब ठान भी लिया है,
बैठ बैठ के कुछ नहीं होगा और ना ही करना है,
अब तो बस अपने अंदर जलते ज्वाला को शांत करके ही चैन लेना
है।

ये कहना आसान है मगर करना बहुत मुश्किल,
लेकिन मुझे पूरा विश्वास है,
क्यूंकि मेरी मां मुझे कहती थी,
कि जब भी मुड़के देखेगा मुझे अपने पीछे ही पाएगा,
और एक न एक दिन तू कामयाब ज़रूर हो जाएगा।

11. ट्रेन का एक सफ़र

ट्रेन का एक सफ़र,
जो कितनी ही कहानियाँ बुनता है,
हर एक डिब्बे में बैठे कितने ही लोग,
हर एक का सफ़र कोई न कोई मंज़िल ढूंढता है।

तो बात हुई कुछ ऐसी,
कि मिला मौक़ा मुझे पहली बार ट्रेन में सफ़र करने का,
थोड़ी बेचैनी थोड़ा उत्साहित,
और ज़िंदगी की किताब में एक पन्ना इन यादों का भी भरने का।

आयी मेरी ट्रेन था वो प्लैटफ़ॉर्म नंबर एक,
हर आती जाती साँस के साथ मेरे मन में आते जज़्बात अनेक,
चढ़ा मैं अपने डिब्बे में जब रुकी ट्रेन मेरे सामने,
धक्का लगा मुझे इतनी ज़ोर का जब सब चढ़ते हुए लगे ट्रेन की
खिड़की को थामने।

जैसे तैसे करके पहुँचा मैं डिब्बे के अंदर तो देखा सब बैठ चुके थे
अपनी अपनी सीट पे,
मैं भी चलने लगा आगे मेरी सीट थी सबके बाद में,
चलते चलते देखा मैंने सबसे पहले थे कुछ बच्चे,
खेलते कुछ फ़ोन पे और कुछ एक दूसरे के साथ लग रहे थे सब
अच्छे।

फिर देखा मैंने आगे बढ़के थे कुछ आज कल के टीनेजर,
कर रही थी एक लड़की फ़ोन पे किसी से बात बैठी अपनी खिड़की
वाली सीट पर,
और देखके अच्छा लगा जब मिला एक लड़का पढ़ता अपने देश की
अर्थव्यवस्था की किताब,
और साथ साथ कर रहा था अपनी उंगलियों पे अपने धंधे का
हिसाब।

स्ट्रेस और टेंशन बढ़ती गई जैसे जैसे मैं गया आगे,
एक पति और पत्नी बैठे थे इकट्ठे पर असल में तो एक दूसरे से
दूरी थी,
और ये वही थे जो छोड़ चुके थे उम्मीद अब बात की जबकि कभी
जुड़े थे उनके भी प्यार के धागे।

मिला आगे एक बच्चा जो कर रहा था अपने पिता से फ़ोन पे
बात,
कह रहा था कि आपको कुछ पता नहीं इस दुनिया का, आप मत
बात करो मेरे साथ,
और ये वही बैठा था जिसने दुनिया में चलना सीखा था पकड़ के
उसी बाप का हाथ।

अब आते हैं एक अंकल जो बैठे थे बहुत मायूस सा चेहरा लेके,
पूछा जब मैंने कि क्या हुआ तो कहते देख लिया सब ज़िंदगी में
और जब जीने कि समझ आयी तो चल बसा मेरा प्यार दुनिया से,
और अब तो बस इंतज़ार है मौत का मानो सदियों से।

ये सुनके मानो झटका सा लगा मुझे और इतने में मेरी सीट भी
आ गई जिससे सवाल किया क्यूँ इतनी दूर थी ये,

और सोचने पर मजबूर हुआ कि ये इतनी दौड़ ज़िंदगी की है किस
लिए।

मैंने सोचा कि सब लगे हैं किसी न किसी दौड़ में जिसका अंत
शायद उनको पसंद भी ना आए,
फिर क्यों न सब चिंता छोड़ के बस अपने अपने सफ़र का मज़ा
उठाएँ।

मरना तो तय है मेरे दोस्त तेरा,
तो खुलके जीना शुरू कर,
क्या पता कब लग जाए तेरा नंबर,
तो छोड़ सारी चिंता और करले विश्वास ख़ुद पर।

करता जा तू अपना काम पर उम्मीद मत रख किसी चीज़ की
किसी से,
ये ट्रेन का सफ़र सिर्फ़ सफ़र नहीं, पूरी ज़िंदगी का सबक़ मिला
मुझे इसी से,
नहीं देखना अब पीछे मुड़के और बस रखना है पूरा हौसला ख़ुद
पर,
नहीं हरा सकता तुझे कोई और, लेकिन अगर हरा भी दे तो क्या
हुआ,
दोबारा शुरू से शुरू कर उठ के अपने दम पर।

12. कॉलेज: एक सफर

आज तक जो सिर्फ़ सुना था,

वो असल में देखने चला था मैं,

कॉलेज का गेट पार करके,

एक नया पन्ना ज़िंदगी का लिखने जा रहा था मैं।

की जब मैंने शुरुआत तो हुआ कुछ ऐसा,

बैठ गया मैं पहले बेंच पे पढ़ने,

ये सोचकर कि नहीं बनना मुझे वो बैक बेंचर जैसा।

क्या पता था टॉपर बनने का नशा उतर जाएगा एक हफ़्ते में ही,

फिर पाया जाता था वहीं पीछे दोस्तों के साथ बैठा मैं भी।

किया बहुत कुछ कॉलेज में, बिगड़े भी बहुत और काम भी किए

बहुत सारे,

पूरे कॉलेज में हो गया नाम और ख़ुशी का ठिकाना ना रहा जब

सब बोलने लगे थे हमारे बारे।

वो फ्रेशर्स और फेयरवेल पार्टीज़,

वो सीनियर्स और जूनियर्स के साथ हुई डिस्ट्रैक्शनस,

वो बर्थडेस और कैंटीन में बैठके की घंटों बातें,

याद आएंगी अब वो रातें जब करनी होती थी अगले दिन यारों संग

मुलाक़ातें।

आया था एक पल ऐसा जब हिल गई थी ये दोस्ती की दीवारें भी

एक बार,

एक दूसरे की शक्ल देखने को भी ना मन किया था तब,

लेकिन कहीं न कहीं तो पता था कि कुछ गलतियों की वजह से

इन लोगों को नहीं खोना,

क्योंकि है तो हीरे ये सब के सब।

हुआ फिर कुछ ऐसा रुक गई हो ज़िंदगी जैसे,
समझ नहीं आया था तब कि अब कुछ करें तो करें कैसे,
आ गया COVID लग गया लॉकडाउन और थम गए सारे पल,
ना पता था अब कब होगी कॉलेज जाने वाली कल।
कॉलेज तो था कि सिर्फ़ पढ़ने जाते थे जहाँ,
पर बैठ गए एक बार कैंटीन में तो पता नहीं चलता था दो लेक्चर गए कहाँ,
अब दोस्त से ज़्यादा परिवार लगते हैं मेरे यार सब,
पर इक्कठे बैठ के ज़ोर ज़ोर से हँसेंगे न जाने अब कब।
बहुत कुछ किया कितनी ही यादें हैं,
चीता चीता कर कितने ही शेर जगाएं हैं,
पर किसे पता था कि कुछ नहीं है मिलना,
चाहे ज़ोर तो गोवा में भी पूरा लगाके आए हैं।
बहुत मुश्किल लगता था सुबह उठना,
और हो ही जाता था मिस पहला लेक्चर हमेशा,
अब अलार्म तो बजेगा रोज़ सुबह उतने बजे ही हर बार,
लेकिन तरस जाएंगे यह क़दम करने कॉलेज के गेट को पार।
पार्टी पीपल का टैग अब लग चुका है ज़िंदगी के लिए,
ये टैग सिर्फ़ कुछ दोस्त नहीं दिल के टुकड़ों के लिए,
जिनसे आज तक कुछ छुपा नहीं,
जो देंगे ज़िंदगी भर साथ शायद ये हैं कुछ दोस्त वही।
हाँ माना बदल जाएगा कल से सब,
न होगा दोस्तों से मिलना न होगी टेंशन किसी लेक्चर की अब,
पर दिल में एक जगह में छुपे रहेंगे ये सारे पल कहीं,
जैसे पहली क्रश को नहीं भूले अभी तक वो भी हैं अभी वहीं।
मैं नहीं लेता वादा की सारी उम्र भर साथ देना,
हो जाते हैं सब बिज़ी यही ज़िंदगी का है दस्तूर भी,
बस जब कभी भी बात हो या आय कभी याद मेरी,

चाहे फ़ोन कर ना पाओ बीते दिन याद कर मुस्कुरा देना एक बार
ही सही।

नहीं डरता मैं ज़िंदगी से और उसकी आने वाली चुनौतियों से,
बहुत कुछ देखा है कॉलेज में भी,
बस फ़र्क इतना होगा कि अब लड़ना होगा अकेले को,
पहले दोस्त मिलते थे साथ खड़े हर छोटी से छोटी बात में भी
यहीं।
आज अगर मुझसे कोई पूछे कि क्या चाहिए तुझे,
मैं माँगूं इन यारों के संग एक महफ़िल बस एक लेक्चर और,
लेकिन मन नहीं भरता इनके बीच बैठ के चाहे मिल जाए कितने
ही दिन,
ऐसे हैं ये साले हरामखोर।
चलो दोस्तों अब लेता हूँ अलविदा तुम सबसे,
चलते हैं इन ख़ूबसूरत लम्हों को लेके इस दिल में,
मिलेंगे अब तुम सब को यादों के पन्नों में ही कहीं,
जब याद करके तुम्हें न होगी कमी होंठों पे मुस्कुराहट और आँखों
में आंसुओं की कभी।

13. मैं गिर के एक बार फिर उठूँगा

आ गया हार के फिर से,
न जाने कब तक ये क़िस्सा चलेगा,
रोते रोते सो जाना तेरा,
न जाने कब तेरा ये खून खोलेगा।

हो लिया बहुत बदनाम,
सुन लिए दुनिया भर के ताने,
सुबह दोपहर और रात
अब तो हर वक़्त यही है कि खाने...

पर देखी ही कहाँ मेरी मेहनत,
वो करते गए बस बात मुझे,
टूटने लगा चाहे कितना ही मज़बूत था,
ये विश्वास अब अपने से मुझे...

बस अब बहुत हुआ करके अब कुछ दिखाना है,
कुछ करने से इनकार करना, वो क़िस्सा अब पुराना है,

जो सोचा है वो करके हटूंगा,
चाहे लगा ले कोई कितना ही ज़ोर,
मैं गिर के एक बार फिर उठूँगा...

नहीं कहना होता हर जगह देखी जाएगी,
यही वक़्त है तुझे देखना होगा,
नहीं कोई तेरे ऊपर तो भी तुझे अब करना होगा,
ज़रूरी नहीं कि ऊपर जाने की सीढ़ी हर किसी को मिले,
क्योंकि हर अर्जुन के पास कृष्ण नहीं होता...।।।

14. स्कूल बिछड़ रहा है

स्कूल बिछड़ रहा है,
कॉलेज की शुरुआत हो रही है,
ख़ुशी की लहर एक एक के चेहरे पर है,
लेकिन क्या सच में स्कूल छोड़ने का कोई ग़म नहीं है?
कॉलेज आते हैं,
दोस्तों से हाथ मिलाते हैं,
हाथ मिलाने के बाद आपनी अपनी सीट पे बैठ जाते हैं,
लेकिन क्या सच में हम थोड़ा सा भी प्यार जताते हैं?

दूसरे दिन कॉलेज के,
हम एक दूसरे के दोस्त बन जाते हैं,
क्या सच में हम वो यादें वो लंबी लंबी बातें भूल जाते हैं?

'स्टे इन टच', 'बी द सेम' केहते हैं,
स्कूल के आखरी दिन कितने यादें भरे होते हैं,
किसको पता अब कब है किसको मिलना,
लेकिन क्या हम सब हमेशा सेम रहते हैं?

हां मालूम है मूव ऑन नाम की भी चीज़ होती है,
लेकिन मूव ऑन तो उससे करते हैं जिससे हम थक चुके होते हैं,
और यारों के बीच तो थकान दूर करते हैं,
तभी तो वो यार प्यार कहलाते हैं।

अभी तो यादें बनाना शुरू हुई थीं,
ख्वाबों में एक एक लड़की रोज़ आनी शुरू हुई थी,
हिम्मत तो कहां थी उससे कुछ कहने की,
बस देखके मुस्कुराने की आदत हो गई थी।

स्कूल अब स्कूल नहीं दूसरा घर बन जाता है,
कुछ शिक्षक मां बाप के रूप में बदल जातें हैं,
कहते हैं रोते हुए आतें हैं स्कूल सब,
लेकिन जाते हुए भी किसकी आंखों में आसूं नहीं होते हैं?

घर हो या स्कूल छोड़ना तो पढ़ता है,
ज़िन्दगी मे कुछ करने के लिए आगे तो बढ़ना पढ़ता है,
कुछ करने की तमन्ना अब इस दिल में लेके चलना है,
आज नहीं तो कल ये कॉलेज भी तो छोड़ना है।

लेकिन मैं निराश नहीं हूं,
क्योंकि मैं अकेला नहीं हूं,
मेरे नीचे भी तो अभी बहुत हैं,
और उनको प्रेरणा देने का मैं ही तो ज़रिआ हूं।

अब स्कूल की यादें लेकर ख़ुश रहना है,
कॉलेज की नई शुरुआत के साथ,
ज़िंदगी का एक नया अध्याय लिखना है,
जिसमें नए दोस्तों और नई यादों के रंग,
भर भर के भरना है।

चलो अब चलता हूं ज़िन्दगी को अंजाम देता हूं,
अपने आप को उस ज़िन्दगी के हवाले करता हूं,

कुछ भी हो ज़िन्दगी में मगर,
मुस्कुरा के ही जीना,
वरना मरना है बेहतर।

15. ठीक ना होके भी ठीक हूं मैं।

थक हार के घर जाता हूं मैं,
तो बच्चों का चेहरा देखता हूं मैं,
लाख टेंशन होने के बाद भी कहता हूं,
ठीक ना होके भी ठीक हूं मैं।

जो महसूस सब करते हैं लेकिन बोलता कोई नहीं,
ऐसे एक विषय पे बोलने जा रहा हूं मैं,
समझा जिसको बहुत ताकतवर जाता है,
हां एक मर्द के बारे में बोलने जा रहा हूं मैं।

शादी होती है तो फस जाता हूं मां और पत्नी के बीच,
अगर चुन लूं सिर्फ किसी एक का साथ,
तो दुनिया भी कहने लग जाती है हमें नीच।

पहले अपनी सहेली की और बाद में अपनी बीवी की हर ख्वाहिश
पूरी करता हूं मैं,

मेरी वजह से सब हसते रहे इसलिए अपना मज़ाक भी बना लेता हूं
मैं,
बस हमारी वजह से किसी को कभी कोई चोट ना पहुंचे,
इसलिए ठीक ना होके भी ठीक हूं मै कहता रहता हूं मैं।

अगर कुछ बात हो तो कह नहीं पाता,
मुझे कोई सुने, ऐसा कोई मिल नहीं पाता,
एक आदमी अगर ना संभाल पाए अपने घर को,
तो वो और कुछ नहीं बस एक कलंक है कहलाता।

दोस्त का फोन आए तो साथ हमेशा खड़ता हूं मैं,
गर्लफ्रेंड को कुछ चाहिए हो तो जुगाड लगा ही लेता हूं मैं,
चाहे कितना भी कमज़ोर क्यूं ना दिखूं, दोस्त की लड़ाई में साथ दे
ही देता हूं,
सब बोझ सेहने के बाद गालियां भी खा लेता हूं मैं।

वूमेंस डे और डॉटर्स डे की परंपरा बहुत खुशी से मनाते हैं,
हर साल ये आते ही गिफ्ट्स और स्टेटस सबके डलने लग जाते हैं,
आता तो मेंस डे और सन्स डे भी है मेरे दोस्त,
पर चलो छोड़ो, इंसान हैं, इतना कुछ कैसे याद रख सकते हैं।

बहुत दुख होते हैं लड़कियों को,
रोके सब निकाल देती हैं हमारे कंधो पर ही,
"अरे तुम तो लड़के हो रोते नहीं",
क्यूं सिखाया जाता है ऐसा, रोना तो आता है हमें भी।

काम चाहे हो छोटा या बड़ा, पुदीना लाना हो या हो किसी ऑफिस
के चक्कर लगाना,

बहन की हो शादी या हो उसकी किसी पढ़ाई का काम, सब हमारे
ही हिस्से है आना,
सब कर लेंगे हम चाहे कितनी भी परेशानी क्यूं ना हो,
अपनी पढ़ाई या तरक्की भले ही छूट जाए लेकिन पहले बाकी सब
काम को है निपटाना।

नहीं कहता मैं कि लड़कियों ने त्याग किया है कम,
वो भी वही सेह सकते हैं जिस में भरा हो ढेर सारा दम,
बस इतनी सी बात है कहनी कि क्यूं लड़ना है आपस में,
जब एक दूसरे को समझ के ये दुनिया जीत सकते हैं हम।

दस ख्याल हो दिमाग में फिर भी मुस्कुराना जानते हैं,
दूसरे खुश रह सकें इस लिए मेहनत जोरों से करने लग जाते हैं,
वैसे तो बहुत बदनाम हैं पर वो भी हसके हम स्वीकार करते हैं,
शायद इसलिए हम समाज में जिसको दर्द नहीं होता वो मर्द
कहलाते हैं।

धन्यवाद